DE LA

VÉRITABLE MANIÈRE

D'ENSEIGNER ET D'APPRENDRE

LE GREC ET LE LATIN

AVEC UN MODÈLE D'EXERCICES

PAR

J.-E. BOULET

Auteur des Manuels pratiques des langues grecque et latine, etc.

NOUVELLE ÉDITION

Prix : 40 centimes

MAISONS-LAFFITTE

(Seine-et-Oise)

INSTITUTION-BOULET

1885

M. Boulet vient de publier :

1° La septième édition de son **MANUEL PRATIQUE DE LANGUE LATINE**, 1 vol. in-16 (*Exercices et Corrigés*). Prix : 3 fr.

2° La cinquième édition du **MANUEL PRATIQUE DE LANGUE GRECQUE**, 1 vol. in-16 (*Exercices et Corrigés*). . . . . Prix : 3 fr.

3° **DE-VIRIS-THÈMES**, comprenant 264 thèmes d'imitation sur les 264 alinéas du *De Viris*. Il est incroyable combien ce genre de thèmes d'imitation, pour lesquels il suffit à l'élève de connaître les déclinaisons et les conjugaisons latines, le prépare promptement à la composition. 1 volume in-12.

Prix : 1 fr. 60 c.

Nota. M. Boulet donne *deux fois* la semaine à *Paris*, dans les familles, des leçons particulières, purement orales, de grec et de latin, qui, sans les déranger de leurs autres devoirs, ont pour but de rendre plus forts dans leurs classes les jeunes gens qui fréquentent les lycées.

Les personnes retenues à Paris par leurs occupations peuvent écrire à M. Boulet, qui se rendra près d'elles.

En somme, *les* leçons *et les* ouvrages *de M. Boulet conviennent :* 1° aux Enfants que l'on veut mettre au lycée, mais seulement pour les classes les plus élevées; car, par ces procédés, on leur épargne beaucoup de temps et d'ennuis; 2° aux jeunes gens faibles dans leur classe; 3° aux personnes qui sentent le besoin de réparer les lacunes de leur éducation, ou de se préparer le plus vite possible à l'examen du baccalauréat, etc.

(*Voir ci-après, pages 30 et suivantes.*)

DE LA VÉRITABLE MANIÈRE

D'ENSEIGNER ET D'APPRENDRE

LE GREC ET LE LATIN

SOMMAIRE.

De la méthode en usage. — M. de Cormenin. — Locke. — Condillac. — L'anglais et l'allemand dans les colléges et Lycées. — Encouragements accordés au perfectionnement des méthodes. — *L'Indépendance Belge* et M. Duruy. — Les préfaces de Noël et de Wailly. — La succession de Burnouf disputée. — Le dictionnaire et la grammaire. — Le P. Lamy. — Les cours de la Bibliothèque impériale et du Collége de France. — Opinion d'un vieux professeur. — Opinion d'un jeune professeur. — Le bon Rollin. — Circulaire illusoire de 1828. — L'abbé Gaullier. — Impossibilité de se présenter à seize ans au Baccalauréat avec les dix années de lycée. — Les pères de famille et M. de Cormenin. — Embarras d'un jeune chef d'institution. — Liberté de se ruiner accordée aux institutions libres. — Introduction de la *méthode naturelle* dans l'enseignement des langues *vivantes*. — Pourquoi ne pas l'appliquer à l'enseignement des langues *mortes?* vous les ressusciteriez. — L'Allemagne et la France, et l'Allemagne en France. — Le jeune Montaigne et le comte de Brissac. — Les grues. — Les grammairiens et leurs méthodes *savantes*. — La prononciation du grec ancien. — Notre réclamation de 1838, voir page 1re de notre *Manuel grec*. — L'Anglais et son dictionnaire. — Napoléon à Tilsitt. — Le chant dans les écoles. — Exercices de nos manuels. — Une première leçon de latin. — Conclusion.

La méthode en usage depuis si longtemps pour l'enseignement des langues mortes produit-elle les résultats qu'on a le droit d'en attendre? Satisfait-elle les professeurs consciencieux qui en font l'application?

1865

Suivent-ils même une *méthode*, c'est-à-dire un *chemin* qui, sans interruption et sans s'écarter de la ligne droite, conduise les élèves directement au but? Ce but même est-il généralement atteint? Poser ces questions, c'est déjà les résoudre.

« N'est-il pas surprenant, dit M. de Cormenin, qu'avec toutes nos vanteries de perfectibilité, nous ne soyons pas encore parvenus à enseigner un peu de grec et de latin en moins de dix ans! Ce fait seul ne trahit-il pas le vice de notre enseignement! Sur trente mille élèves, vingt mille ânonnent, routinent, s'hébètent et dorment pendant dix années sur leurs bancs!... Aussi qu'arrive-t-il? Au bout de dix années d'études, dans le meilleur collége de France, un écolier ordinaire est complétement hors d'état de lire Horace et Tite-Live à livre ouvert. De grec, que sait-il?»

Si le public pouvait pénétrer dans ces salles étroites, obscures, où l'on n'arrive que par des corridors obstrués par les seuls candidats, et assister aux examens du baccalauréat, il verrait comment on y explique ces auteurs sur lesquels on a croupi dix années; et quant aux discours *latins*[1], même ceux des élèves admis, il serait curieux de pouvoir y jeter les yeux. Mais le public n'est pas admis à les voir.

Contentons-nous donc de remarquer que tandis que sur les autres points le siècle a vu se perfectionner les procédés de tout genre, l'enseignement des langues

---

1. Il serait curieux aussi d'examiner, et nous le ferons quelque jour, si les sujets des discours latins sont toujours choisis de telle sorte que les candidats possèdent les idées et les notions nécessaires à leur composition, car s'ils n'étaient point aptes à traiter en français ces sujets, à plus forte raison seraient-ils incapables de les développer en latin.

seul, malgré les plus vives réclamations, est resté aussi stationnaire que stérile.

Vainement Locke a dit que pour apprendre une langue les règles sont inutiles ; en vain Dumarsais a fait observer qu'il est impossible de faire comprendre à des enfants les principes généraux et abstraits, parce qu'ils n'ont pas encore les idées particulières que ces principes supposent, et qu'enseigner avec des règles à un élève le grec et le latin, c'est imiter un homme qui, pour apprendre à parler à son fils, croirait devoir lui expliquer le mécanisme de la parole ; en vain Condillac assure que rien n'est plus inutile que de fatiguer un enfant en chargeant sa mémoire des règles d'une langue qu'il n'entend point encore ; en vain l'Université elle-même s'est vue contrainte d'avouer, après vingt ans d'inutiles essais, que l'anglais et l'allemand enseignés dans les lycées n'y ont jamais été appris, bien que, lors de l'installation de ces cours, on disait *vouloir les élever à la hauteur des études classiques ;* l'exploitation des grammaires et des dictionnaires a toujours continué son train, excitant même de temps à autre des rivalités qui ne craignaient point d'éclater sous les formes les plus violentes et les plus scandaleuses [1], car les auteurs privilégiés ne s'entendent entre eux que lorsqu'il s'agit de repousser d'utiles innovations. La chose d'ailleurs leur est facile. Ils sont maîtres des avenues, et, vigilantes sentinelles, tiennent la porte de l'édifice soigneusement fermée. Un journal étranger [2] disait, il y a quelques jours : « Le ministre de l'instruction publique est un ministre aux idées libérales, aux vues larges et progressives, mais il semble

1. Lisez les préfaces des dictionnaires de Noël et de Wailly, et voyez comment on se dispute aujourd'hui la succession de Burnouf, etc.

2. *L'Indépendance Belge.*

avoir péché en un point capital. Comment, en effet n'a-t-il pas vu immédiatement, et agi en conséquence, que la première chose à faire, quand on veut que des réformes s'établissent sérieusement, c'est de régénérer d'abord le haut personnel de l'instruction publique. A coup sûr les hommes qui la composent sont des hommes éminents, mais ils ont un tort qu'on ne rachète pas : ils vivent, pensent et exercent avec les idées et les erreurs dans lesquelles ils ont été élevés, et qu'à leur tour ils pratiquent depuis trente ans. »

Au jeune homme qui débute dans l'étude du latin, on donne une grammaire et un dictionnaire ; puis, on lui dit : « Cherche les mots dont tu as besoin dans ce dictionnaire ; et cette grammaire t'apprendra à les assembler. » L'enfant cherche ses mots, les choisit au hasard, les assemble conformément aux règles de sa grammaire ; puis vient le professeur qui corrige son œuvre, parle à l'élève de solécismes, de barbarismes, de gallicismes, etc., mots barbares eux-mêmes ; puis vient le *pensum*, etc., et toujours il oublie que Quintilien lui-même a dit que : « Parler latin selon l'exactitude de la grammaire, ce n'est point parler latin. »

« Quand je me souviens, dit le père Lamy, de la manière dont on m'a enseigné le latin, il me semble qu'on me mettait la tête dans un sac, et qu'on me faisait marcher à coups de fouet, me châtiant cruellement toutes les fois que, n'y voyant goutte, j'allais de travers... »

Les étrivières, Dieu merci, ont été supprimées en France, bien que nos voisins les Anglais les aient religieusement conservées, mais les têtes de nos élèves continuent à rester dans le sac. Aussi ne faut-il pas s'étonner si, une fois mis en liberté, l'élève, à la sortie du lycée, éprouve peu d'envie de revenir à ses études classiques.

Il se faisait à la Bibliothèque impériale et au Collége de France, par les professeurs les plus distingués, des cours de littérature grecque et latine. Ces cours étaient gratuits, et cependant ils n'avaient que peu ou point d'auditeurs, tandis que la foule se pressait aux autres leçons. Il y avait à méditer sur ce fait, car la cause de cette désertion devait tenir au sentiment de dégoût et d'ennui emporté du collége par la plupart des jeunes gens pour ce qui a été si longtemps l'objet de leurs inutiles efforts.

Mais pourquoi s'obstine-t-on à repousser le progrès quand il s'agit de simplifier et de faciliter l'enseignement des langues anciennes? « Il y a, dit-on, des inconvénients à innover, parce que c'est exiger des professeurs des habitudes auxquelles ils ne sont point préparés, et leur imposer des instruments qu'ils ne savent point manier, considération qui, à elle seule, commande une grande circonspection. » Je comprends. Déjà en 1838 un vieux professeur m'écrivait : « Si votre méthode est facile pour l'élève, si elle lui épargne les peines et les difficultés ; de l'autre elle exige du maître de la patience, du travail et un véritable dévouement. Aussi, quoiqu'elle soit excellente, à mon avis, je doute fort qu'en général on veuille l'adopter et sortir de l'ancienne ornière. Il est bien plus commode en effet pour un professeur de faire réciter des leçons et de donner à ses élèves, sous le nom de versions, une suite d'énigmes à deviner, sauf à en donner le lendemain la signification, que de leur aplanir sur-le-champ les difficultés mêmes, allant audevant de ce qui pourrait les arrêter, etc. » A cela je n'avais qu'un mot à répondre, c'est qu'il n'y aura

aucune peine, même pour le professeur, si les exercices ont été composés d'avance[1].

Cependant, on ne saurait le contester, l'Université
a eu à diverses époques des velléités de progrès, à
commencer par le bon Rollin, qui éprouvait, lui aussi,
quoique recteur de l'Université de Paris, le désir de
voir des améliorations s'introduire dans l'enseignement
public. « Il souhaitait, disait-il, qu'il fût *possible* (il
savait combien cela était difficile) de faire dans l'Université de Paris quelque essai de la méthode consis-
tant à commencer par l'application des auteurs, qui
sont, disait-il, un *dictionnaire vivant* et une *grammaire parlante* où l'on apprend par la pratique, la
forme et le véritable usage des mots, des phrases et
des règles de la syntaxe. Il est vrai, ajoutait-il, que la
méthode contraire a prévalu et qu'elle est ancienne;
mais il ne s'ensuit pas qu'on doive s'y livrer aveuglé-
ment et sans examen. Souvent la coutume exerce sur
les esprits une tyrannie qui les tient dans la servitude
et les empêche de faire usage de la raison, guide plus
sûr que l'exemple, quelque autorisé qu'il soit par le
temps. »

En 1828, une circulaire du ministre de l'instruction
publique, cédant à un vœu qui se manifestait, adres-
sait à tous les recteurs d'Académies les questions suivantes :

« Existe-t-il, dans votre Académie, des établissements quelconques d'instruction publique, soit col-

---

1. Un autre professeur m'écrivait dernièrement : « J'ai fait, après
tant d'autres, l'essai de votre méthode sur une jeune intelligence qui
m'a été confiée. Quelques jours m'ont suffi pour m'apprendre quels
résultats on pourrait tirer de l'usage de votre livre ; il double, il triple
le succès et *diminue la besogne* du maître, au point qu'il n'est plus
qu'un surveillant, etc. » L'abbé DORDÉ, à Nérac (Dordogne).

léges, institutions ou pensions, dans lesquels l'enseignement élémentaire des langues grecque et latine soit présenté d'après un système particulier? En quoi consistent ce système ou ces procédés particuliers? sur quels principes théoriques sont-ils établis? sont-ils d'une application simple et facile? etc. »

Mais c'était tout simplement dérisoire. Les colléges ne pouvaient faire usage que des livres prescrits et des méthodes enseignées dans ces livres ; et les élèves des institutions ou pensions, obligés de suivre les classes des colléges, ne pouvaient que se conformer aux méthodes qui y étaient appliquées. La réponse des recteurs était connue à l'avance. Par leur constitution, le progrès ne pouvait donc avoir accès ni dans les colléges, ni dans les institutions, ni dans les pensions; et en le cherchant là, ou ayant l'air de le chercher là, on était bien sûr de ne pas l'y rencontrer. Avec l'État enseignant, le progrès ne peut venir que de haut; malheur à qui d'en bas tente de devancer son siècle! *Soli potentes prodesse possunt sed (saltem silentio) obesse malunt.* (OVIDE.)

Tandis que le bon Rollin exprimait, non sans timidité, ses velléités progressives, un professeur de la Sorbonne, son adversaire, l'abbé Gaullier, ne traitait-il pas *d'intolérable* une méthode qui ferait porter des fruits trop hâtifs! Il pensait que, pour ses disciples, arriver en rhétorique à l'âge de dix-sept à dix-huit ans, était déjà bien assez tôt, beaucoup trop tôt.

> Dans une longue enfance il les eût fait vieillir.
> (RACINE.)

« On pourrait fort bien, ajoutait-il, forcer de tels aventuriers à se taire, et les chasser des grandes villes, etc. » Croyez-le bien, la race de l'abbé Gaullier ne s'est pas éteinte après lui [1].

Aujourd'hui on peut se présenter au baccalauréat à seize ans, ce qui suppose que l'on a fait sa philosophie à quinze ans, sa rhétorique à quatorze, sa seconde à treize, etc. Mais est-il beaucoup d'élèves qui puissent se présenter à seize ans à l'examen en suivant la filière des lycées, surtout avec le système de faire redoubler certaines classes à des élèves qui seront encore plus faibles la seconde année qu'ils ne l'étaient la première? Vous tous, pères de famille, qui avez intérêt à le connaître, prenez des informations et sachez-bien d'avance que si vous mettez en septième votre fils de douze ans, il ne se présentera au plus tôt au baccalauréat qu'à l'âge de vingt ans. Sachez de plus, et sachez-le d'avance, que si votre fils ne fait pas partie de la bonne moitié de sa classe, il aura toute chance d'échouer à l'examen définitif [2]; et si les circonstances vous obligent à faire interrompre à votre fils, dans ce long parcours, la série de ses classes, vous ne lui aurez donné que des notions incomplètes dont il ne trouvera que peu d'applications utiles dans la vie active qui l'attend.

1. Une chose pénible et qu'à la honte de notre époque il faut cependant avouer, c'est que le *bien* que l'on veut introduire trouve plus d'obstacles que n'en rencontre le *mal*, et vous suscite plus d'ennemis.

2. M. Cousin, ancien ministre de l'instruction publique, avoue que les professeurs des lycées abandonnent souvent les élèves qui ne sont pas en état de les suivre; qu'on fait indistinctement monter de classe en classe, dès la sixième, les incapables avec les capables; que les familles, en voyant passer leurs enfants d'une classe dans une autre, s'imaginent que celle à laquelle ils sont parvenus représente leurs progrès réels, et qu'il n'en est rien; qu'au fond il n'y a dans chaque classe qu'une douzaine d'élèves qui profitent de l'enseignement, etc.

Mais les pères de famille s'occupent-ils de ce qu'on enseigne au lycée et de la manière dont on l'enseigne ? « Si sensibles, dit M. de Cormenin, si chatouilleux, si instinctivement et si admirablement avertis et éclairés à l'endroit de l'hygiène, de la morale et de la religion de leurs enfants, ils se montrent fort ignorants et fort indifférents sur les matières et les méthodes de l'enseignement. Ils s'en rapportent làdessus aux professeurs, et ils n'ont pas d'objections. Ils sont poussés vers les écoles de l'État par deux sortes d'intérêts vivaces et personnels qui s'engendrent l'un de l'autre ; l'un qui est le commencement des études, savoir : l'enseignement à bon marché ; et l'autre qui est la conséquence des études, savoir : un emploi quelconque dans l'État. » S'ils mettent leurs fils dans les lycées, c'est afin de leur préparer des camaraderies avec l'aide desquelles ils puissent plus tard obtenir quelque place ; et si votre méthode n'est pas celle autorisée, elle est d'avance proscrite par eux. Lisez ce que m'écrivait, il y a quelques années, un jeune chef d'institution : « Depuis deux ans, je me suis consacré à l'enseignement des langues anciennes ; et depuis qu'un ami m'a rapporté de Paris vos deux manuels, j'ai éprouvé un vif désir de vous écrire... mais, à dire vrai, je n'ai pas osé faire tout d'un coup application de vos principes ; ce fut de ma part un sacrifice aux préjugés des parents de mes élèves, qui auraient cru tout perdu, si leurs enfants n'avaient pas fait leurs classes comme au collége... il fallut même les tromper un peu dans leur intérêt. C'est donc seulement peu à peu que j'ai pu introduire quelques modifications aux anciennes méthodes... C'était une pierre que j'enlevais chaque jour à un vieil édifice qui croule, etc. »

Mais peut-être dira-t-on : « Vous avez maintenant la liberté de l'enseignement ; vos institutions sont libres. Oui, libres... de se ruiner. C'est vrai. Écoutez encore M. de Cormenin :

« Il faudrait avoir sur les yeux l'épaisseur d'un triple bandeau pour ne pas voir que, même dans le régime de la liberté de l'enseignement la plus entière, il dépendra toujours d'un gouvernement hostile et monté contre les institutions privées, de faire ce que je vais vous dire : ou bien le gouvernement, la main dans le coffre inépuisable du trésor, abaisserait le prix de la pension universitaire au-dessous du prix de la pension privée, tout en élevant le niveau des études, tandis que les institutions particulières, livrées à leurs propres ressources, seraient nécessairement obligées d'abaisser le niveau de leurs études en abaissant le prix de leur pension ;

« Ou bien le gouvernement rejetterait systématiquement aux épreuves du baccalauréat, les élèves de ces institutions qui ne se laveraient jamais à ses yeux du péché de leur origine. »

Du moment où les programmes seront à peu près supprimés, les sujets d'examen n'étant plus définis, tout sera livré à l'arbitraire des juges ; et, sans exiger de certificats d'études, il sera toujours facile de savoir si le candidat sort des établissements de l'État.

Voulant réformer l'enseignement des langues vivantes reconnu stérile depuis vingt ans qu'il a été introduit dans les écoles publiques, malgré les belles promesses de son installation, le ministre actuel de l'instruction publique vient de proclamer une grande vérité qui pourrait bien en amener une autre à sa suite :

« La réforme consisterait, dit-il, à remplacer les *méthodes savantes* par la méthode *naturelle* et à imiter au lycée ce qui se passe dans les familles. »

Appliquant cette vérité dans une certaine mesure (et il n'y a pas de raison de ne pas le faire) à l'enseignement du grec et du latin, et nous voilà revenus à peu près à l'éducation de Montaigne.

Son père l'avait mis entre les mains d'un maître allemand [1] qui ne parlait pas français, mais s'exprimait très-bien en langue latine. A l'âge de six ans, sans livre, sans fouet, sans grammaire et sans larmes, Montaigne parlait latin ; et Buchanan, frappé du succès de la méthode suivie dans l'éducation du jeune Montaigne, employa le même procédé pour instruire le fils du comte de Brissac. Quant à Montaigne, il regretta toute sa vie « que son père eût abandonné une méthode *si exquise*» et que « dans la crainte de faillir en quelque chose qu'il avait tant à cœur, il se fût laissé emporter à l'opinion commune qui suit toujours, *comme les grues*, ceux qui vont devant, et qu'il l'eût envoyé au collége de Guyenne, où il *enjamba d'arrivée aux premières classes*. Le collége de Guyenne était très-florissant pour lors, ajoute-t-il, et le meilleur de France, mais tant y a *que c'était toujours un collége;* j'achevai mon cours (qu'ils appellent), mais sans aucun fruit que je pusse mettre en compte. »

Le premier chapitre de la *Méthode de Port-Royal* a pour titre : *De la différence qu'il y a d'enseigner une langue vivante et une langue morte.* Eh bien, c'est

---

1. C'est toujours de l'Allemagne que la France tire ses latinistes et hellénistes officiels. C'est un hommage rendu à l'Allemagne, sans doute ; mais il n'y a pas là de quoi nous vanter, et j'en rougis un peu pour la France.

cette prétendue différence qui a été cause que l'on a consacré jusqu'à nos jours dix années d'études qui ne nous enseignent qu'imparfaitement les langues anciennes. Que la langue soit vivante ou soit morte, ce sont toujours des mots et des tournures qu'il faut apprendre; et les mêmes exercices, appliqués à l'une et à l'autre, conduiront au même résultat.

Seulement quand il s'agit d'une langue *vivante*, les premiers exercices doivent tendre à nous familiariser d'abord avec la connaissance des mots du langage usuel, vulgaire, et avec les formes de la conversation; tandis que rien ne presse, s'il s'agit d'une langue morte, d'initier l'élève à ces formes-là. Un jour Aristophane, Plaute et Térence les lui feront connaître, mais rien ne s'oppose à ce qu'on lui fasse expliquer les classiques dans l'ordre adopté depuis longtemps par l'Université; et quand nous disons qu'il faut *parler* et faire *parler* la langue morte enseignée, nous entendons qu'il faut pratiquer *oralement* sur les textes expliqués des exercices de composition, de transposition, de conversation, dont le but est d'obliger la mémoire de l'élève à pouvoir se passer le plus tôt possible de grammaire et de dictionnaire, soit pour traduire, soit pour écrire en grec ou en latin.

Savoir une langue, c'est connaître les mots et la manière de les assembler. Les étudierons-nous, ces mots, dans le dictionnaire? Non : car, sans liaison entre eux, ils seraient pour notre mémoire aussi difficiles à retenir que des chiffres pris au hasard, parce qu'il n'existe aucune connexion nécessaire entre le mot et l'idée. Et puis tous les mots d'une langue n'ont pas besoin d'être sus. Ouvrez un dictionnaire de la langue française, à la première page venue, et voyez si vous, Français, avez l'intelligence de toutes les expressions que cette première page, prise au hasard, offre à vos regards. Les mots qu'il faut d'abord connaître, ce sont ceux usités dans la littérature et employés dans nos auteurs classiques ; les formes auxquelles il faut nous accoutumer, ce sont celles que nous rencontrerons sans cesse. Pourquoi les chercherions-nous ailleurs que dans les classiques eux-mêmes ? Nos classiques seront donc nos dictionnaires, et des dictionnaires remplis d'intérêt, parce qu'ils nous présentent les productions de la plus saine littérature. Bientôt vous verrez comment ils deviendront aussi nos grammaires ; et comment, guidés par nos manuels, vous découvrirez vous-mêmes les règles de la syntaxe dans les textes que vous aurez expliqués. Et ces règles que vous connaîtrez, vous ne les aurez point apprises sous forme de recettes, et cependant vous ne les oublierez point, précisément parce que vous les aurez trouvées vous-mêmes, et que chaque jour l'explication de nouveaux textes se chargera de vous les remettre sous les yeux.

Il n'y a donc qu'une méthode pour enseigner les langues : c'est, comme l'a dit M. Duruy, la méthode *naturelle* ; c'est elle qui doit remplacer les *méthodes savantes* parfaitement inintelligibles dans les premiers temps des études. Personne ne songe aux règles en parlant ; l'esprit, absorbé dans l'objet de la pensée, ne doit pas avoir besoin, pour l'exprimer, de songer à l'arrangement grammatical. Or cette aptitude ne peut s'acquérir que par *l'usage*, dont la puissance est telle que tous les jours nous entendons des dames élevées dans la bonne société parlant avec plus de correction et surtout plus d'élégance que bien des grammairiens ne le feraient sans doute. Ne me parlez pas du style des grammairiens, ou que l'on vous condamne à lire leurs discussions et leurs préfaces. On dirait que la

Correction, chez eux, ne peut se produire qu'escortée de l'Aridité et de la Sécheresse ; et ce ne sont pas là, vous en conviendrez, les trois Grâces. Que me font les grammairiens, si ma mémoire est approvisionnée de textes que je puisse citer à l'appui de mes constructions ? Que chaque version donne naissance à un thème d'imitation, et bientôt la composition nous deviendra aussi facile que la traduction.

Il serait digne du ministre qui a proclamé le premier, pour l'enseignement des langues vivantes, la supériorité de la *méthode naturelle* sur les *méthodes savantes*, d'étendre cette méthode à l'enseignement des langues anciennes, réservant l'étude des grammaires aux classes supérieures, et notamment à la rhétorique et à la philosophie. De ces grammaires particulières on déduirait la grammaire *générale*, la meilleure des logiques, qui formerait ainsi la synthèse de l'enseignement classique. Ce qu'on appelle aujourd'hui *classes de grammaire*, s'appellerait classes *élémentaires* ou *préparatoires*. Les élèves y seraient exercés à la déclinaison et à la conjugaison au moyen de changements de nombre, de temps, de modes, etc.[1]. Rien ne s'opposerait alors à ce que l'on présentât réunies en faisceau, dans des grammaires *uniformes* si vous voulez, ces règles que l'usage aurait fait connaître et, ce qui vaut mieux, appliquer, parce que les principales règles de la syntaxe auraient été, chemin faisant, suggérées par le professeur élémentaire, qui aurait besoin d'être bien moins un homme de *science* qu'un homme de *patience*, car, dans cet enseignement, il ne faut pas craindre de répéter et de faire répéter. C'est fastidieux peut-être pour le professeur, mais c'est amusant et efficace pour l'élève ; et, faute d'avoir suffisamment

1. Voir plus loin la forme de nos exercices empruntés en partie à M. Robertson.

répété, les élèves ont sans cesse besoin de recourir au dictionnaire, béquille sans laquelle ils ne sauraient marcher, et qu'on se voit obligé de leur tolérer même à l'examen du baccalauréat, où on les voit accourir portant *sous le bras* le pénible fardeau, ou plutôt la négation de leur science.

Je crois bien qu'un ministre de l'instruction publique n'est pas toujours aussi libre qu'on le croit d'accomplir toutes les améliorations que son jugement et ses bonnes intentions lui inspirent. Je crois bien qu'il est souvent entravé dans ses réformes par une foule d'intérêts personnels et étrangers qui surgissent autour de lui et lui viennent en obstacle. En ce moment même où la prononciation du grec vient d'être soumise, dit-on, à l'appréciation de l'Académie des inscriptions et belles-lettres, en ce moment où il s'agit de faire cesser en France la plus flagrante des contradictions dans l'enseignement, puisque le grec se prononce dans nos lycées autrement qu'au Collège de France, à la Sorbonne et à la Bibliothèque impériale, autrement que par les Grecs contemporains et les élèves de notre école à Athènes, j'entends d'ici les murmures du *vulgaire enseignant*, se soulevant à l'idée qu'on lui imposerait une prononciation autre que celle à laquelle il est habitué, et qui tient à l'harmonie du πολυφλοίσβοιο θαλάσσης, telle que, en se gonflant les joues, il la fait retentir depuis tant d'années. Rien que par cette résistance, le ministre pourra reconnaître qu'il est plus difficile d'introduire le progrès dans l'enseignement secondaire qu'il ne l'a été de renverser et de reconstruire les maisons de la capitale. Enseigner comme ils ont appris est, pour la plupart des professeurs, sinon la meilleure, du moins la plus commode des méthodes; et voilà comment, tandis que tout le reste est en progrès, l'enseignement des langues anciennes demeure obstinément pétrifié.

« Eh quoi ! dit M. Droz, depuis un siècle, nos travaux dans les arts ont fait d'immenses progrès ; nos manufactures, nos fabriques ont reçu des perfectionnements admirables, et l'art d'instruire les hommes resterait soumis aux inconvénients d'une absurde routine ; triste preuve qu'en Europe les pères songent plus à leur fortune qu'à leurs enfants ! »

On fait aujourd'hui des grammaires *uniformes*, qu'importe, si elles sont d'une application uniformément mauvaise au moment où l'on en fait usage !

Si vous étudiez les mots d'une langue isolément, dans un dictionnaire par exemple, sans doute vous aurez besoin de règles qui vous disent comment il faut assembler ces mots ; mais si, au contraire, vous ne les apprenez, ces mots, que dans nos auteurs traduits littéralement, vous apprendrez ce qu'ils signifient et à la fois comment il faut les construire ; les constructions que vous aurez besoin de connaître d'abord, les textes vous les présenteront d'abord ; et quant aux exceptions, elles ne vous apparaîtront que de loin en loin, et elles ne vous rebuteront point, parce que vous ne les rencontrerez jamais réunies, condensées et comme enrégimentées, ainsi que les grammaires se piquent de vous les offrir, surtout quand ces grammaires ont la prétention d'être complètes.

L'Anglais qui veut parler français, s'aidant de son dictionnaire de poche, demande au théâtre une loge *rôtie* pour une loge *grillée* ; il dit qu'il *croque le petit garçon*, quand il croque le *marmot* ; eh bien ! soyez sûrs que les thèmes grecs et latins, tels qu'on les fait à coups de dictionnaires, fourmillent d'aberrations semblables ; seulement elles ne choquent pas tout le monde, et vous me dispenserez de vous en donner la raison.

A l'entrevue de Tilsitt, l'empereur Napoléon ayant

demandé qui commandait la cavalerie russe à la dernière affaire, un officier supérieur, qui connaissait parfaitement sa *grammaire française*, ce qui ne veut pas dire la *langue*, s'avança et dit : « Je, Sire. » Un sourire se dessina sur les lèvres de plus d'un personnage présent ; mais Napoléon le réprima bien vite par ces mots : « Général, si vous ne maniez pas parfaitement la langue française, en revanche vous faites admirablement bien manœuvrer vos troupes. »

Mais n'avons-nous pas un *Conseil supérieur* de l'instruction publique, composé de trois membres du sénat, de trois membres du Conseil d'Etat, de cinq archevêques ou évêques, trois membres de la Cour de cassation, etc., etc.? Ce Conseil supérieur, si éminemment indépendant, n'est-il pas appelé à donner son avis sur les livres qui peuvent être introduits dans l'enseignement public, et par conséquent apprécier la valeur et l'opportunité des méthodes, etc.? Sans doute, mais ce que bien des gens ignorent, c'est que ce Conseil ne donne son avis que lorsqu'il est appelé par le ministre à donner son avis ; et pour que le ministre appelle le Conseil à donner son avis, il faut préalablement que les livres et les méthodes obtiennent leur laisser-passer d'une Commission d'examen, tribunal secret, dont les membres, peu connus du public, sont auteurs eux-mêmes d'ouvrages d'un mérite assurément incontestable. Le plus difficile n'est donc pas d'obtenir l'approbation du Conseil supérieur, mais de pouvoir arriver à sa juridiction. Si, dans cette Commission des livres, il s'était trouvé des auteurs de langue allemande ou anglaise, il eût été à craindre que la *méthode naturelle* n'eût pu pénétrer, même pour les langues vivantes, dans les écoles universitaires. La vérité est que, soit qu'il s'agisse d'une langue morte, soit qu'il s'agisse d'une

2.

langue vivante, les exercices doivent être les mêmes; car dans l'un et l'autre cas, ce sont toujours des mots qu'il faut comprendre et des tournures que l'on doit s'assimiler. C'est en traitant les langues anciennes comme des cadavres ; c'est en leur appliquant l'anatomie et le scalpel des grammaires que vous en avez fait des langues mortes, oui *mortes*, et c'est vous, grammairiens, qui les avez tuées. Appliquez à ces langues la méthode naturelle, et vous les ressusciterez. N'avez-vous pas aussi tenté pendant vingt ans d'enseigner l'anglais et l'allemand par les procédés de nos grammaires grecques et latines et avec l'usage du dictionnaire? Qu'avez-vous obtenu ? « Les élèves de nos lycées ne savent ni parler ni écrire l'allemand ou l'anglais ; les plus forts font un thème ou une version (on aurait pu ajouter à coups de dictionnaire) ; ils ne sauraient faire une lettre, encore moins soutenir une conversation. » L'aveu *est officiel* et il a dû être pénible, mais il n'y avait pas moyen d'en douter.

Depuis plus de vingt-six ans que j'applique personnellement et sans interruption la méthode que je recommande, elle ne m'a jamais fait défaut, et j'en ai constamment obtenu, malgré des obstacles de toute sorte, les meilleurs résultats.

Il me serait facile de prouver par des extraits de ma nombreuse correspondance que j'ai souvent eu le bonheur de triompher des préjugés qui s'armaient contre moi et d'une opposition sourde qui m'était suscitée; mais j'avais la conviction d'être dans le vrai, et jamais je n'ai cessé d'être sur la brèche. J'ai vu, dans cette longue carrière, les mêmes idées s'introduire dans la plupart des enseignements sans y trouver les mêmes résistances. « Dans le chant, par exemple, on a longtemps augmenté les difficultés de la musique vocale, en voulant dès l'abord la rendre complète par l'enseignement préalable de la théorie; de telle sorte que les enfants perdaient leur temps aux préliminaires et ne chantaient que très-tard. La musique, si attrayante par elle-même, devenait ainsi pour eux pénible, désagréable, rebutante même. Aujourd'hui on suit assez généralement une marche opposée, et l'on débute par la pratique du chant. Ce procédé est fondé sur la raison et l'expérience; en effet, c'est en lui parlant que la mère apprend à son enfant à parler; c'est en travaillant sous ses yeux que l'artisan façonne son apprenti au savoir-faire manuel, et c'est en chantant à ses oreilles et en le faisant chanter à l'unisson qu'on enseigne le chant à l'enfant. — Voici donc le principe fondamental : la pratique du chant d'abord, l'étude de la théorie ensuite. » On va introduire la musique dans les lycées, dit-on; qu'ici encore on songe à appliquer ce principe, si l'on ne veut pas qu'il en soit de l'enseignement de la musique comme de celui des langues vivantes et des langues mortes.

Tous les exercices de nos *Manuels grec et latin* tendent à un même but : l'acquisition du matériel de la langue par la pratique, précédant la théorie.

En effet, nos *Manuels pratiques* prennent pour point de départ :

1° Un *texte* simple avec une traduction littérale;

2° Des *questions* sur le texte et auxquelles l'élève peut répondre, dès la première leçon, en grec ou en latin;

3° Une *version* grecque ou latine composée avec les mots du texte, mais diversement combinés, version que l'élève peut immédiatement et oralement traduire en français sans avoir recours au dictionnaire;

4° A la version succède un *thème* qui ne suppose également que des faits connus;

5° Chemin faisant, l'attention de l'élève est appelée

à remarquer *les dérivés* français des mots grecs ou latins des textes ; et c'est là un exercice aussi rationnel que mnémotechnique qui grave dans la mémoire le sens des mots, et qui a aussi son utilité pour la connaissance intime de notre propre langue, fille du latin ;

6° Nos Manuels font connaître, à propos des textes, les déclinaisons et conjugaisons, et les textes peuvent encore ici servir d'exercices, car il suffit de les faire répéter en changeant les nombres, les voix, les temps et les modes. Chaque leçon a donc sa partie grammaticale et son questionnaire ; mais les exemples sont toujours puisés dans les textes expliqués.

Un peu plus tard, quand les déclinaisons et les conjugaisons seront bien connues de l'élève, chaque nouveau texte donnera naissance à un *thème d'imitation* (voir notre *De-Viris-thèmes*). Ces thèmes sont les seuls qui ne demandent à l'élève que ce qu'il peut donner, et ce qu'on a le droit de lui demander ; seuls, ils ne le jettent pas dans les aventures et les embarras du dictionnaire. Par eux, la mémoire de l'élève se trouve ainsi constamment exercée non-seulement à conserver, mais encore à retrouver au premier appel, sans aucune hésitation, les signes nouveaux que la traduction littérale lui a fait acquérir ; et c'est là ce que nous entendons, quand nous disons que les langues mortes elles-mêmes doivent être *parlées* pour être apprises. Mais afin d'être mieux compris, donnons un exemple.

LANGUE LATINE

PREMIÈRE LEÇON

PREMIER EXERCICE

**Texte à traduire alternativement, mot à mot,
de latin en français, puis de français en latin,**

D'abord à livre ouvert, ensuite le livre étant fermé.

Demetrius cui	Démétrius auquel
Cognomen Poliorcetes fuit,	le surnom Poliorcète fut,
urbem Megaram	La ville Mégare
Ceperat. Ab hoc	avait pris. Par celui-ci
Stilpon philosophus	Stilpon le philosophe
interrogatus	interrogé
num quid perdidisset?	si quelque chose il avait perdu ?
« Nihil, inquit;	« Rien, dit-il;
Omnia namque mea	toutes choses car miennes
mecum sunt. »	avec moi sont. »
Atqui hostis	Or l'ennemi
et patrimonium ejus	et le patrimoine de lui
in prædam cesserat,	en butin avait converti,
et filias rapuerat,	et (ses) filles avait ravi,
et patriam expugnaverat.	et (sa) patrie avait pris-par-combat.
Habebat enim secum	Il avait car avec-soi
vera bona :	les vrais biens:
doctrinam scilicet.	la science savoir.

Traduction française

Démétrius, surnommé Poliorcète, s'était emparé de la ville de Mégare. Ayant demandé au philosophe Stilpon s'il avait perdu quelque chose? « Je n'ai rien perdu, répondit celui-ci, car tout ce qui m'appartient est avec moi. » Et cependant, l'ennemi avait pillé son patrimoine, avait enlevé ses filles et s'était rendu maître de son pays. C'est que Stilpon avait en lui les biens véritables : il possédait la science.

DEUXIÈME EXERCICE

Conversation

L'élève peut répondre en latin aux questions suivantes :

— Quel était le surnom de Démétrius?

— Quelle ville Démétrius avait-il prise ?

— Quel général était surnommé Poliorcète?

— Qu'était Stilpon?

— Par qui Stilpon fut-il interrogé?

— Que demanda Démétrius à Stilpon?

— A en croire Stilpon, ce philosophe avait-il perdu quelque chose?

— Qu'avait en réalité perdu Stilpon?

— Que lui avait enlevé l'ennemi?

— Qu'était devenu le patrimoine de Stilpon?

— Qu'était devenue la patrie du philosophe?

— Qu'avait conservé Stilpon dans le pillage de sa patrie?

— Qu'était la science dans l'opinion du philosophe?

TROISIÈME EXERCICE

Version

L'élève peut traduire en français sans aucun secours les phrases suivantes:

—Hostis urbem Megara expugnaverat.—Stilpon philosophus filias habebat. — Stilpon philosophus interrogatus num filias perdidisset? Mecum sunt, inquit.— Stilpon patrimonium suum habebat. — Stilpon urbem Megara habebat patriam. —Stilpon cui cognomen philosophus fuit. — Philosophus nihil ceperat, nihil rapuerat, nihil expugnaverat. — Num philosophus doctrinam perdidisset? — Num Stilpon vera bona perdidisset?—Hostis, cui cognomen est Poliorcetes, non habebat secum vera bona. — Demetrius hostis habebat cognomen, doctrinam, patriam, prædam, urbem, etc.

QUATRIÈME EXERCICE

Thème

L'élève peut traduire en latin :

— L'ennemi s'était emparé par combat de la ville de Mégare. — Le philosophe Stilpon avait des filles. — Stilpon interrogé s'il avait perdu ses filles, répondit : « Elles sont avec moi. » — Stilpon avait avec lui son patrimoine. —Stilpon avait la ville (de) Mégare (comme) patrie.—Stilpon auquel le surnom (de) philosophe fut. — Le philosophe n'avait rien pris, rien ravi, rien pris par combat. — Est-ce que le philosophe aurait perdu la science? — Est-ce que Stilpon aurait perdu les vrais biens? — L'ennemi, surnommé Poliorcète, n'avait pas avec lui les vrais biens. — L'ennemi Démétrius avait un surnom, de la science, une patrie, un butin, une ville, etc.

CINQUIÈME EXERCICE

Dérivés français

On demandera à l'élève quels mots du texte il reconnaît dans : Nom, nommer, nominal, fut, urbanité, urbain, philosophe, philosophie — interroger, interrogation, etc. — perdre, perdition — sont — hostile, hostilité — patrimoine — déprédation, déprédateur — filles, — rapt, ravir — patrie — vérité — bon — doctrine, etc.

SIXIÈME EXERCICE

Supposons maintenant que l'élève connaisse les déclinaisons et les conjugaisons, et il trouvera dans nos manuels des exercices qui les lui feront apprendre en peu de temps et sans peine. Il reprendra les exercices précédents, en changeant les nombres, les voix, les temps, les modes, etc. Il traduira en latin, par exemple, des phrases telles que celles-ci :

Les ennemis prennent, prenaient, prendront, sont devant prendre des villes; des villes sont prises, étaient prises, seront prises, sont devant être prises par les ennemis. — Démétrius interroge, interrogera les philosophes de ces villes s'ils ont perdu quelques biens? — Nous avons perdu nos biens, disent-ils, mais nous n'avons pas perdu la science. — La ville de Mégare fut prise, avait été prise, sera prise par Démétrius. — Démétrius interroge le philosophe Stilpon; « As-tu perdu, dit-il, quelque chose? — J'ai perdu mon patrimoine, mes filles sont enlevées, ma patrie est conquise, mais mon bien est ma science ; et ma science est avec moi, dit le philosophe. — Et cependant son patrimoine lui était ravi, ses filles avaient été ravies, sa patrie avait été prise par combat. — Mais il a, il aura le vrai bien : la science, etc.

SEPTIÈME EXERCICE

REVUE GRAMMATICALE

Voyez maintenant, dans nos Manuels, comment les règles syntaxiques sont déduites des textes expliqués.

C'est ainsi que vous pourrez faire trouver à l'élève la règle *Ludovicus rex* dans *Stilpon philosophus, urbem Megara*; dans *patrimonium ejus*, la règle de *liber Petri*; dans *vera bona*, la règle *Deus sanctus*; dans *ceperat urbem, filias rapuerat, patriam expugnaverat*, la règle *amo Deum*; dans *ab hoc interrogatus*, la règle *amor a Deo*; dans *cui cognomen fuit*, la règle *est mihi liber*; dans *omnia mea*, la règle *hic liber est meus ;* vous lui expliquerez pourquoi il y a *in* PRÆDAM *cesserat* et non *in præda ;* vous lui ferez remarquer qu'en français il n'est pas indifférent de dire : *Démétrius avait pris Mégare,* ou *Mégare avait pris Démétrius ;* tandis qu'en latin on peut, sans changer le sens, dire : *Urbem Megara ceperat Demetrius,* ou *Demetrius ceperat urbem Megara,* etc. Vous lui expliquerez pourquoi le texte a mis *perdidisset* et non *perdiderat,* etc. ; le professeur fera prendre note chaque jour, à l'élève, des verbes irréguliers qui se présenteront ; et, si vous continuez ainsi quelque temps, sur les auteurs expliqués grecs et latins, ces divers exercices et ces observations, vous reconnaîtrez avant peu combien il serait facile de diminuer le temps consacré à cette étude, d'éviter l'ennui qu'elle occasionne, et enfin d'atteindre le but qu'on se propose.

Quand l'élève a été suffisamment exercé à la version et au thème, de la manière rationnelle que nous venons de faire connaître, il faut alors le préparer à écrire en latin, en lui donnant d'abord à traduire en cette langue de petites narrations, des dialogues, des harangues choisies dans les auteurs classiques et desquels on lui dictera la traduction littérale. Une telle traduction a l'avantage de présenter à l'élève les constructions particulières de la langue enseignée. La tâche du professeur est de lui fournir les mots dont il peut avoir besoin, et la besogne de l'écolier consiste à faire subir à ces mots les modifications convenables. Le corrigé sera l'auteur lui-même que l'élève sera tout surpris d'avoir deviné.

Lorsque la conversion en latin des extraits de traductions littérales aura été suffisamment pratiquée, on substituera à ces exercices des dictées empruntées à des traductions vraiment françaises que l'élève se

gardera bien de traduire littéralement, devant au contraire s'attacher à ramener la pensée de l'auteur à la
forme latine. C'est alors que l'élève commencera à
penser lui-même en latin, et le moment approche où
il pourra exprimer ses idées dans la langue ancienne,
sans avoir à faire un thème même mental.

Les mêmes exercices sont appliqués à l'enseignement du grec[1].

Bien des pères sont embarrassés pour apprécier l'é-
tat des connaissances d'un élève, en latin, par exemple. Voici un moyen bien simple de s'en rendre
compte :
Faites expliquer à l'élève quinze lignes d'un passage
que vous connaissez et qu'il ne connaît pas. Comptez
le nombre total des mots et celui dont vous avez été
obligé de lui donner le sens ; puis dites-lui de changer
les nombres des mots du texte ; c'est-à-dire de mettre
au pluriel ce qui est au singulier, et réciproquement,
en conservant les cas, les temps, les modes et les personnes du texte, etc.

Alors vous saurez immédiatement à quoi vous en
tenir sur les connaissances de l'élève en fait de mots
acquis, de déclinaisons et de conjugaisons, plus ou
moins sues, en observant surtout le temps et l'hésitation qu'il aura mis dans ses réponses.

Mais en attendant qu'il plaise à l'Université de diminuer le nombre des classes élémentaires et d'y introduire la vraie méthode, rien ne s'oppose à ce que les
pères de famille avisés ne fassent arriver leurs fils, par
les exercices que nous venons d'exposer, aux classes
supérieures en bien moins de temps que par le chemin

1. Voir mes Manuels pratiques de langue grecque et latine, qui dis-
pensent les commençants d'auteur, de grammaire et de dictionnaire.

ordinaire, celui que Montaigne qualifiait si sévèrement ; ainsi , leurs enfants recueilleront les bénéfices de la fréquentation du lycée et des relations qui s'y établissent, sans renoncer aux avantages de l'éducation de famille, si précieuse pour les mœurs, pour le développement des sentiments affectueux, pour l'habitude des bonnes manières, et à la possibilité de se présenter à seize ans au baccalauréat [1].

En résumé, nous demandons :

1° Des classes élémentaires qui ne seraient point des classes grammaticales ; le nombre de ces classes pourrait être considérablement réduit par l'introduction de la *méthode naturelle* et la suppression de savantes inutilités ; déjà on y a supprimé le *Jardin des racines grecques* ; qu'on y supprime, à la grande contristation de certains professeurs, la composition des vers latins [2], à moins qu'on ne veuille aussi y admettre celle des vers grecs et des vers français ;

---

1. L'arrêté du 19 frimaire an xi traçait ainsi le plan des études : « Il y aura six classes pour l'étude de la langue latine. Les élèves d'*un talent et d'une application ordinaires* feront deux classes par an, de manière qu'à la fin de la troisième année, ils aient terminé leur cours de latinité. »

2. « Rien n'est plus absurde que le prix que l'on attache, dans les écoles, à faire des vers latins : c'est faire dépendre la réputation d'un écolier d'un talent naturel que ne peut donner aucun travail. »
(GUIZOT.)

On peut en dire autant de l'épreuve du discours latin à l'examen du baccalauréat. Un thème, soit ! mais *un discours*, fût-il même en français ! Ecrivez quand vous avez des idées utiles à mettre au jour, bien ! Mais être obligé d'exprimer des idées qu'il faut d'abord chercher et qu'on n'est pas sûr de découvrir, c'est s'exercer dans l'art pitoyable de parler sans conviction, de parler sans rien dire, de soutenir le *pour* et le *contre* indifféremment. Socrate n'a donc pas fait disparaître tous les sophistes, et leurs écoles subsistent encore !

2° La *lecture*, et la lecture seulement, des grammaires et de la grammaire comparée, la connaissance de la texture des vers et des principales règles de la quantité grecque et latine, réservées aux classes supérieures;

3° L'étude de la langue française continuée pendant toute la durée des classes ;

4° Des encouragements donnés aux exercices pratiques reconnus les plus utiles et aux méthodes vraiment efficaces. Que les livres puissent arriver directement au Conseil supérieur, que la Commission préparatoire, chargée d'éliminer les ouvrages inadmissibles, soit choisie dans le sein du Conseil et par les membres du Conseil ; que les auteurs aient le droit, comme cela a toujours lieu en bonne justice, de récuser ceux de leurs juges qui ne seraient point dans des conditions suffisantes d'impartialité. Et de ce jour-là, l'enseignement aura ouvert ses portes au progrès et à une honorable et loyale concurrence de procédés et de méthodes ; et les heureux réformateurs n'auront plus qu'une préoccupation, celle de s'attribuer exclusivement le mérite de la réforme et de ne rien négliger pour faire oublier les hommes qui, avant eux, auront consacré leur vie à faire triompher une idée aussi vraie qu'éminemment pratique.

Maisons-Laffitte.

BOULET.

EXTRAIT

DES

TÉMOIGNAGES ADRESSÉS A L'AUTEUR

Relativement à ses ouvrages.

La lecture de vos ouvrages, en nous reportant aux jours heureux de notre jeunesse, nous fait voir avec plaisir et reconnaissance qu'au milieu du mouvement intellectuel qui s'empare des esprits, on n'a pas oublié l'enfance, et que des hommes supérieurs continuent à s'occuper d'elle, comme autrefois les solitaires de Port-Royal, les Beauzée et les Dumarsais, etc.

DE SCHONEN,
Procureur général à la Cour des comptes.

Puisse l'exemple que vous donnez servir aux maîtres! Il est bien temps, en effet, qu'on abrége les années d'étude des langues mortes : on devrait voir combien notre nation est pressée de vivre. Elle a fait la jeunesse plus courte; l'éducation doit donc être abrégée. Bénis soient ceux qui, comme vous, monsieur, appliquent leurs méditations à la recherche de cet heureux résultat! etc.

BÉRANGER,
Notre poëte national.

Il y a longtemps que mes réflexions m'avaient conduit à penser que les langues mortes s'apprendraient bien plus facilement si on les enseignait comme la langue maternelle. Comme vous le dites, la pensée en est ancienne. Vous avez le mérite, monsieur, de l'avoir réalisée au moyen d'une méthode simple et féconde qui en rend l'application facile à un grand nombre, etc.

H. BOULAY (de la Meurthe),
Vice-Président de la République.

Si je puis contribuer à faire connaître vos *Manuels* et à leur assurer un succès dont je les crois très-dignes, soyez assuré que je ne m'y épargnerai pas, etc.

† T. MORLOT,
Archevêque de Paris.

J'ai été agréablement surpris en recevant votre Cours de latinité. Je savais quels succès obtient votre méthode, et ils cessent de m'étonner. Vos procédés sont conformes à ceux que nous suivons naturellement : l'usage est un grand maître de langue, et la pratique est la règle supérieure qui supplée et contient toutes les autres. Je pense aussi que toute méthode a une puissance particulière aux mains de l'inventeur qui a foi dans son œuvre. Je vous félicite d'unir à d'excellents principes l'ardeur qui les féconde, etc.

E. GERUZEZ,
Professeur d'éloquence française à la Sorbonne, examinateur au Baccalauréat.

Je regarde vos *Cours grec et latin* comme des chefs-d'œuvre en leur genre. Ils réalisent les vœux de Milton et de Locke, dans ma patrie, et ceux de vos compatriotes Montaigne et Dumarsais. J'userai de toute mon influence pour répandre et propager dans nos institutions britanniques la connaissance et l'emploi de vos livres d'enseignement. Vos travaux obtien-

droit sans doute un jour leur récompense dans la reconnaissance de vos concitoyens, etc.

J.-S. MEMES,

Docteur en droit, membre de la Société royale
d'astronomie de Londres, de l'Académie
royale d'Edimbourg, principal du collége
royal de la ville d'Ayre, en Ecosse, etc.

Cette méthode si simple, si rationnelle, si claire,
doit nécessairement opérer une révolution dans les
colléges, et je serais bien heureux de pouvoir la hâter
dans ma patrie, où, quant à l'enseignement, on se
traîne comme ailleurs dans l'ornière, etc.

ALBERT RICHARD,

Professeur de littérature française
à l'Université de Berne.

MONSIEUR,

Depuis longtemps la ville d'Aubusson désirait un collége;
mais ses revenus communaux ne lui permettaient pas d'en
fonder un : l'esprit public de ses habitants y a suppléé.
Une souscription a été ouverte, et en quelques jours
150 actions de 600 francs chacune ont été placées. Un collége a été construit dans de belles dimensions, sur un em-
placement vaste et dans une position très-agréable.

Reste à le pourvoir de bons professeurs et à choisir un
bon système d'enseignement.

Nous nous étions dit souvent que l'ancienne méthode
était défectueuse, relativement à l'étude des langues grecque et latine, puisqu'elle exige de sept à huit ans pour les
apprendre mal, tandis que nos enfants apprennent la langue française en deux ou trois ans, à un âge où leur intelligence n'est que très-peu développée. Nous avons vu avec
plaisir cette idée mise en pratique par vous, monsieur; et
vos Manuels, que nous nous sommes procurés, nous ont
de plus convaincus que votre méthode, appliquée par des

hommes habiles, peut donner les meilleurs résultats. C'est vous dire que nous sommes disposés à l'adopter pour notre institution.

De votre côté, monsieur, seriez-vous disposé à la diriger comme annexe de la vôtre ? — Notre éloignement soit de Paris, soit des colléges royaux, le grand nombre des actionnaires intéressés à la prospérité de notre établissement, le patriotisme qui a présidé à sa formation, toutes ces circonstances en rendent le succès à peu près certain : une bonne méthode d'enseignement et de bons professeurs le rendraient immanquable.

Si notre proposition peut vous convenir, quelles seraient vos conditions ?

Dans le cas contraire, pourriez-vous nous procurer un homme digne de confiance et connaissant votre méthode d'enseignement pour l'avoir appliquée ?

Nous vous prions, monsieur, de nous accorder une prompte réponse et d'agréer de notre part l'expression de la considération la plus distinguée,

Les membres du Conseil d'administration
du collége d'Aubusson,

BANDY DE NALÈCHE, *sous-préfet ;* DELAVALADE, SEGRETTE DE LA REBIÈRE, *juge ;* GRELLET.

M. Boulet saisit avec empressement l'occasion qui se présente aujourd'hui de remercier, pour l'accueil bienveillant qu'ils ont fait dernièrement à l'envoi de sa Méthode, NN. SS. les archevêques ou évêques d'Orléans, de Rouen, de Toulouse, de Saint-Claude, de Saint-Brieuc et Tréguier, de Besançon, de Nantes, de Pamiers, etc., et les judicieuses observations que quelques-uns ont bien voulu lui adresser et dont l'auteur saura profiter.

ENSEIGNEMENT BOULET

MAISONS-LAFFITTE

(SEINE-ET-OISE)

Près la Station du Chemin de fer, à 20 minutes de Paris.

Après vingt ans de travaux comme Chef d'Institution à Paris, M. Boulet s'est retiré à Maisons-Laffitte, où il s'est fait construire une jolie habitation. Là, il consacre ses soins à un très-petit nombre d'élèves choisis, qui trouvent dans sa maison une instruction solide, attrayante, le confortable de la famille et une surveillance toute paternelle. Un élève de quatorze ans, pourvu d'une bonne instruction primaire, y est préparé en deux années à l'examen du baccalauréat.

M. Boulet communique aux intéressés une liste nombreuse d'élèves préparés par lui et reçus après deux années de préparation.

A considérer le très-petit nombre d'élèves que la maison peut recevoir, les conditions sont aussi modérées que possible.

Cet établissement se recommande aux jeunes gens faibles dans leurs classes ou pressés d'arriver au but ; aux jeunes étrangers qui veulent, tout en faisant leurs études, s'initier dans la connaissance pratique de la langue française, etc.

Maisons-Laffitte est aujourd'hui un des faubourgs de Paris ; l'air y est pur, les promenades charmantes ; la jeunesse y trouve les avantages de la proximité de la capitale, sans être exposée à ses inconvénients, etc.

EXTRAIT DES DIVERSES BIOGRAPHIES CONTEMPORAINES

« BOULET (Jean-Baptiste-Etienne), né à Metz le
« 4 février 1804, fit son droit et s'inscrivit fort jeune
« au barreau de la Cour royale de Paris, et publia, à
« vingt ans, *le Ferrière moderne, ou Nouveau Diction-*
« *naire des termes de droit et de pratique* (1824,
« 2 vol. in-8°). Il traduisit peu après les *Institutes de*
« *Gaïus* (1826, in-8°), qui venaient d'être découvertes.
« En 1830, il dirigeait, avec son ami Bégin, *l'Indica-*
« *teur de l'Est.* En 1835, il fonda, avec le docteur
« Spazier, de Leipsick, *la Revue du Nord,* destinée à
« propager l'influence de la littérature allemande [1].
« Depuis, devenu Chef d'Institution à Paris, il ne s'est
« plus occupé que de publications classiques, et a fait
« paraître plusieurs éditions de ses *Manuels pratiques*
« *de langue grecque, de langue latine, de rhétorique;*
« un *Cours d'études préparatoires au baccalauréat ès*
« *lettres* (7 vol. in-12, 1841), et diverses brochures sur
« l'Enseignement des langues mortes, sur l'Affran-
« chissement des colléges communaux, etc. »

(Voir la *Biographie universelle des Contemporains,* de
Rabbe, etc. (1836); la *Biographie de la Moselle,* d'Emile
Bégin; le *Dictionnaire universel des Contemporains,* de
G. Vapereau (librairie Hachette, 1858, etc.)

A M. BOULET, AVOCAT.

MONSIEUR,

J'ai reçu avec beaucoup de reconnaissance les deux
premières parties de votre édition des *Institutes de Gaïus;* je
n'avais que celle qui se trouve dans *Ecloga juris,* qui est

---

1. M. Boulet avait alors l'honneur de compter au nombre de ses
abonnés l'exilé d'Aremberg, aujourd'hui NAPOLÉON III.

assurément fort imparfaite, et si imparfaite que je la consultais peu : mais je trouve la vôtre excellente, et elle quittera peu mon bureau. Vos notes, votre traduction, tout est bon. Je suis, en général, très-prévenu contre les traductions des textes du droit romain, mais votre Gaïus expliqué sera très-utile aux commençants ; il leur épargnera du travail, et c'est beaucoup. Si je n'étais absorbé dans ce maudit traité du *Contrat de mariage*, je me remettrais à l'étude du droit romain ; une longue expérience m'a appris combien il est nécessaire pour l'intelligence du droit français. Non, monsieur, sa cause ne sera jamais perdue tant que la science sera en honneur !

Vous ne pouviez me dire rien de plus flatteur qu'en m'assurant que mon ouvrage vous a été utile dans vos études : car c'est précisément ce que j'avais en vue quand j'ai commencé à écrire ; et je suis assez heureux pour avoir reçu le témoignage de vos avocats parisiens qui se sont depuis élevés fort au-dessus de moi. Ah ! monsieur, combien j'admire votre barreau, et que je me trouve petit auprès d'eux ! Mais enfin si je puis dire : *Fungor vice cotis acutum reddere quæ ferrum vult, exsors ipsa secandi*, c'est assez pour moi.

Je suis, monsieur, avec la plus haute considération,

Rennes, le 23 décembre 1826.   TOULLIER*.

PARIS. — IMPRIMERIE ÉDOUARD BLOT, RUE SAINT-LOUIS, 46.

le Gérant avait également, sans doute,
que le prix de la vente, mais que l'achète trop cher
[illegible]
[illegible] conduire [illegible]
[illegible]
Nouveau [illegible]